Kurt Scherer

# VITAMINE FÜR DIE SEELE

# Dank

Wer denkt, dankt!
Wer dankt, denkt!

2

Schritte vom Denken zum Danken können sein: nachdenken – bedenken – umdenken – neu denken – danken!

Ein Mensch, der dankt, lebt bewusster.
Wer bewusster lebt, lebt intensiver.
Wer intensiver lebt, dessen Lebensqualität wird bereichert.

»Herr, ich danke dir dafür, dass du mich so wunderbar und einzigartig gemacht hast.« Psalm 139,14

Mit dem Denken beginnt das Danken! Danken ist keine selbstverständliche menschliche Eigenschaft.

Dankbarkeit ist heute Mangelware geworden, nachdem das Anspruchsdenken und das Vergleichsdenken wie Unkraut um sich greifen. Bei vielen wird der Dank dadurch bereits im Keim erstickt.

Man nimmt alles als selbstverständlich an: Worfür danken? Was ich habe, dafür zahle ich ja. Ich leiste es mir! Man überhebt sich dabei, wird überheblich! Der Preis: innere Leere.

Nachdenken richtet sich gegen das Vergessen. Es ist das Nach-vorne-Denken ebenso wie das Zurück-Denken. Es ist die Auseinandersetzung mit dem Wozu und Warum, mit Gut und Böse, mit dem Positiven und Negativen.

Beim Nachdenken geht es nicht darum, sich dankbar zu fühlen, sondern dass ich darüber nachdenke, welche Gründe ich zum Danken habe! Das sind nicht wenige bei einer bewussten Bestandsaufnahme!

Bedenken ist einerseits das Sich-Erinnern an das bisher Gedachte, andererseits das Abwägen und Vordenken, um aufgrund von gemachten Erfahrungen über Zukünftiges in Verantwortung vor Gott mit bestem Wissen und Gewissen zu entscheiden. Ein an Gottes Wort orientiertes Gewissen ist dabei ein gutes Ruhekissen.

»Haltet an dem Evangelium fest, so wie ihr es von mir gehört und angenommen habt. Richtet euch nach dem, was ich euch gelehrt habe, und lebt nach meinem Vorbild. Dann wird Gott bei euch sein und euch seinen Frieden schenken.« Philipper 4,8b

Umdenken ist eine willentliche Entscheidung. Ich will alte Gewohnheiten ablegen und neues Denken einüben. Dieser Entscheidung geht eine Sinnesänderung voraus.

Sinnesänderung ist ein Sich-Umorientieren, eine Neuorientierung. In der Abwehr vom bisherigen Denken vollzieht sich diese Umkehr. Ich beziehe Stellung. Gott will das.

Gott will, dass ich mich festlege im Blick auf ihn, meine Haltung ihm gegenüber, die Gegenwart und die noch vor mir liegende Zukunft. Ich verlasse den Standpunkt der Selbstverständlichkeit, der Gleichgültigkeit. Damit kommt Neues in mein Leben!

Solange ich denke, keinen Grund zum Danken zu haben, solange ist es mir nicht möglich, zu danken.

Wenn ich mir klarmache, dass an Gottes Segen, seinem Ja zu meinem Tun und Lassen alles liegt, dann verlasse ich mich auf ihn und gehe mit meinem Dank zu ihm, von dem alle guten Gaben kommen.

Veränderung kommt nur durch das »Ich will es tun!«, der Versuch zählt nicht. Wer also erleben will, dass im Danken Neues ins Leben kommt, muss handeln!

Danken ist Ausdruck neuen Denkens. Es ist die tiefste Form des Glücks. Das mit Gott verbundene Denken führt zum Danken. Das »ich-mit-mir-allein«, das Drehen um mich und die Gaben, die Selbstbezogenheit, das Aufrechnen und Nachrechnen, das Einklagen von Ansprüchen – all das hat ein Ende.

In Gott, der mich liebt, angenommen und begabt hat, der mir zum Leben schenkt, was ich brauche, bin ich zur Ruhe gekommen, befriedet, zufrieden.

»Großen Frieden haben die, die dein Gesetz lieben.« Psalm 119,165

Um Gott drehen sich nun meine Gedanken. Er ist zur Mitte meines Lebens geworden.

»Sagt Dank Gott, dem Vater, allezeit für alles, im Namen unseres Herrn Jesus Christus.« Epheser 5,20

Bildnachweis:
Umschlag: P. Santor
Innenbilder: © 2009 JupiterImages Corporation
S. 3, 17, 21, 39: Thinkstock Images; S. 5: Photos.com; S. 7, 11, 13, 15: Goodshoot; S. 9, 31: AbleStock.com; S. 19, 23, 29, 37: Comstock Images; S. 25: Pixland; S. 27: Creatas Images; S. 33: Brand X Pictures; S. 35: Polka Dot Images

Bibliografische Information der Deutschen Nationalbibliothek
Die Deutsche Nationalbibliothek verzeichnet diese Publikation in der Deutschen Nationalbibliografie; detaillierte bibliografische Daten sind im Internet über http://dnb.d-nb.de abrufbar.

ISBN 978-3-501-05081-1

Bestell-Nr. 05081

Gestaltung: Michaela Sanchez-Garcia
Gesamtherstellung: St.-Johannis-Druckerei C. Schweickhardt GmbH, Lahr/Schwarzwald
Printed in Germany 17280/2009

www.johannis-verlag.de